Mireille Felix

Photographie :

Gwenaëlle Hoareau

Chants

Psaumes de la Terre

Spiritualité

Chant I

Je suis la terre, la pierre et l'arbre. Je suis la brise sur la terre, et la pluie sur Sion. Je suis née de la pensée du Père, au début des temps, et j'ai vu.
J'ai vu le déploiement des étoiles, feu divin peint à mon ciel, j'ai vu les eaux mêlées, puis séparées, et l'Esprit au-dessus des eaux. J'ai vu la vie naissante, la vie partout, grouillante et féconde, la belle vie née du sourire du Père.
Je n'ai jamais vu le Père. Mais lui, le Bien-Aimé, je le connais.

Il est là dès mon aurore, tout présent et tout autre, et dès mon aurore sa lumière vit en moi.
Je suis la ténèbre qui contient la lumière, je suis la ténèbre en douleurs d'enfantement, je suis la ténèbre qui prie et supplie, et je suis la lumière, la pleine joie dans le regard d'un qui voit.

Je prie et supplie. Je me convulse et me tords sous la morsure de l'ombre.

Voyez en moi sa lumière.

Sous son pas, j'ai frémi d'amour, sous sa tête, j'ai pleuré ma raideur, sous sa main, j'ai prié le Père.
J'ai multiplié mes bienfaits par sa Parole, et il m'a pénétrée, et il a fait de quelques pains nourriture pour des foules, et il a fait d'une coupe de vin son Sang précieux.
Il est mon Bien-Aimé de toujours à toujours.

Il est celui que j'attends.

Il est celui que vous attendez tous, et vous ne l'avez pas reconnu, et mes pierres ont crié, et mes branches ont ployé en louange, et les tombeaux que vous aviez creusés se sont ouverts d'un coup. Et ce grand voile qui vous aveuglait s'est déchiré, ce grand voile qui cachait la lumière, le temps était venu, mais vous avez reposé vos mains sur vos yeux, vous avez recousu le voile à grands points de raison et de lois…

La Loi est tout entière écrite en moi, il l'y a mise avec la première poussière, et Sa grâce fleurit en mes déserts.
C'est sans pluriel.

La lumière luit en ma ténèbre, et ma ténèbre ne peut la recevoir que par votre regard.

Je vous supplie.

Vous n'entendez jamais.

Je me tords et me convulse sous votre douleur.

Vous êtes le petit qui se retourne en sa mère pour venir au Royaume dont le Roi est une Enfance,
est un Crucifié,
est un Ressuscité.
Est Dieu.
Je vous aime parce qu'il vous aime.
Je vous supplie.
Je vous supplie.

Chant II

Il est Dieu, tout entier né de Dieu, et il est venu.
Lui qui est le tout Présent est venu marcher sur ma terre.
Déjà, il n'avait pas de place.
Déjà, il était errant.
Il n'y eut que Marie pour lui faire toute la place, il la lui fallait toute, il la lui faut
toute toujours pour naître en votre cœur.

Marie, elle était légère, elle dansait en marchant, elle chantait en allant au puits, elle
avait la beauté de sa joie et de grands yeux sages qui s'allumaient en étoiles dans la
prière.
Elle avait le cœur pur en entier et l'âme comme une eau transparente, elle n'était
pas un lieu pour l'ombre. Les nuages disparaissaient à sa vue comme brume au
soleil : n'était en elle que l'empreinte de l'amour, ce creux qui attendait son
Seigneur et le soleil y brillait par avance. Elle ne le savait pas. Elle ne se regardait
pas dans les miroirs de l'eau, elle le regardait lui, le Dieu de ses pères, et lui voyait
en elle toute sa création.

Marie.

Marie sans ténèbre.

Quand elle posait son pied sur ma pierre, je voyais le désir du Père pour moi, et
ma pierre pleurait une fine buée, et ma poussière soupirait et rêvait.

Marie traversée de lumière. Les étoiles en couronne, la lune sous son pied, elle met
au monde l'Enfance.

Marie en enfantement, toujours, pour chacun de vous, Marie les larmes au cœur…
elle a pleuré, Marie, au sombre des nuits, des larmes si pures que je les ai cueillies,
une à une, je les ai cachées en mon sein pour les poser en perles aux pétales des
roses…
Mais les voyez-vous, ces secrètes douleurs de la Mère que vous dites rosée, et la
voyez-vous, elle, qui contient la beauté du monde en son ventre et la dépose sur la
paille parce qu'il n'y a rien d'autre, parce que votre cœur est comme ma pierre
dure, et même plus dur encore.

Elle l'a posé dans la paille.

Vous n'avez laissé que ça, vous avez pris le fruit pour le pain, et vous avez laissé la
paille pour les bêtes et les malheureux, mais cette paille qui lie les briques de vos
maisons, c'est elle qui accueille l'Enfant et le protège, c'est elle qui le reçoit du
ventre de Marie, qui l'aime, et le réchauffe.
Celle qui reçoit le fumier de vos bêtes, c'est elle qui a été digne de Lui.

Qui êtes-vous pour laisser ainsi l'Amour du Père au loin de vos cœurs ?
Qui êtes-vous pour vous refermer sur vos pauvres biens, autour d'un foyer de
mort, quand la lumière vient frapper à votre porte ?
Qui êtes-vous pour vous juger tant indigne de sa Présence que vous le rejetez au
froid du désert ?

Ma ténèbre ploie et prie, ma poussière baise ses pieds, ma pierre adorante reçoit sa
tête, votre rebut frémit de bonheur sous son poids…

Il n'y a pas de place.
Il n'y a pas de temps.

Il y a tant à faire.
O hommes, bien-aimés de Dieu, que faites-vous ?

Tant de douleurs, tant de douleur !
Bien-aimés de l'Amour, éveillez-vous !
Je meurs d'amour et vous dormez.
Je meurs de votre aveuglement : c'est en votre regard qu'est ma lumière…

Chant III

Il est venu, simplement. Il ne cherche pas à être reconnu dans sa grandeur, il vous cherche, un par un il vous cherche, il est l'Envoyé de son Père, il est Dieu né de Dieu et de Marie, vrai Dieu et vrai Homme, il est venu tout entier Homme, et son pas me bénit, et ma moisson éclate à ses yeux dans le grain en ma terre, et la ténèbre devant lui reflète sa splendeur. Et je frémis tout entière devant ce mystère que les anges vous envient, je vois en lui tout ce que vous pourriez être par son amour.
Je ne vois pas les anges.
Je les sais par votre regard.
Et je vous sais aussi, plongés en lui et plongés en moi.
Vous êtes des arcs tendus entre moi et lui.

Tout est à vous, vous êtes au Christ, et le Christ est à Dieu.

Celui qui a parlé ainsi, je le connais lui, j'ai senti son pas de feu sur ma peau, j'ai bu le sang qu'il a versé, celui de ses errements, ses paroles m'ont fait tressaillir et puis j'ai reçu sa chute, lourde, si lourde, et la crainte de son cheval, et sa détresse. Il s'est retourné dans sa glèbe, la souffrance a coulé de lui de toutes parts et j'en ai fait de la boue pour ses yeux, cela, on ne le dit pas, mais la boue de ses yeux est tombée comme écailles, et il a vu.
Bienheureux jour… J'ai rêvé que ce jour était le premier, et pour lui il l'était. J'ai rêvé qu'il y en aurait bien d'autres, et il y en eut, et il y en aura encore, et les anges riront au ciel que j'ignore, la joie étincellera encore en ma chair, et votre royauté me conduira dans la lumière !

Bien-aimés de Dieu, Celui qui Est a renoncé à lui-même pour venir ici, semblable à vous. Lui qui a laissé le reflet de son visage en toute la création, qui l'a écrit en vous comme un dépôt sacré, il est venu dans la paille pour vous, il a marché, il a pleuré, il a dormi, vrai homme, et le sang de ses veines qui peinait dans la chaleur, et les cals dans ses mains, et la fatigue, le poids de vos doutes… le Tout Autre…
Comment le comprendre ?
Vous voyiez l'homme. Le fils d'un charpentier.

Je sais sa Royauté.

Je sais ses nuits au désert.

Je sais le vêtement d'ombre posé sur lui au Jourdain, et je le lave, non point lui, il est éclatant de ce que vous ignorez, le Transfiguré, mais je lave l'ombre de vos péchés, l'obscure douleur de votre chute, innocents fils de perdition…

Qui êtes-vous, tant aimés de Dieu, pour qu'il soit venu lui-même vous ramener à la vie ?

A contempler la mort en moi, vous en êtes venu à la croire. Vous ne voyez que ténèbres… Vous croyez mes entrailles sans leur fécondité mais l'enfant au sombre ventre de sa mère marche pour la vie.

Mon eau a lavé le poids du monde. Le ciel s'est ouvert, on me l'a dit. Vous étiez là.
Moi, je ne sais que l'éclair qui a percé mon cœur, ils voient !
Ils voient…
Et l'espérance enfin. Après le désir et l'attente, l'espérance…

Je suis la terre qui vous porte et vous nourrit. Le Père, je ne le connais pas, je Le sais, mais le Fils, je le connais : il a marché sur mon corps, il s'est nourri de mes fruits, il s'est reposé sur moi et j'ai accueilli sa mort...
La splendeur de sa Résurrection est écrite en moi de toujours à toujours.
Elle est pour vous.

Espérez en lui ! Et moi, j'espère en vous.

Je suis la terre, humble sœur qui vous bénit.
Je prie et supplie.

Chant IV

Je suis le désert aux heures sombres, je suis l'œuvre du vent, je suis l'humble désert, stérile aux yeux des hommes, le lieu de Dieu.
Chaque pierre peint le soleil. Chaque lune étire des ombres glacées.
Désert de feu, désert de vide, je ne détourne jamais le regard, je suis l'exigence de Dieu, je suis lieu de l'errance, l'homme en moi est seul, le fils de l'Homme est seul.
Immobile.

Les nuits se referment sur lui comme piège, les jours ardent, sa sueur coule sur moi, ma pierre blesse ses pieds, les démons tournent et retournent.
Il se tait.
Il dévisage l'infini.

Sa sueur coule sur moi.

C'est un combat de silence.
Il a quitté tous les désirs de l'homme. Un par un.
À tout ce qu'il est, il renonce.
À tout ce qui est à lui de plein droit, il renonce.
Il remet tout à son Père.
Fils.
Fils de Dieu.

Il s'est assis, je sens sa douleur d'homme, sa faim,
le feu dans ses poumons.
Il a refusé le fruit du Jardin.
Le fruit n'est pas mûr, pas encore. Plus tard, il sera cueilli. Bientôt il se laissera cueillir lui-même.

Il est le fruit parfait, je le sais, je l'ai vu.
Les démons aussi le savent.

Sa sueur coule sur moi.
Elle ourle les lacs enchâssés dans mon désert.

C'est sa douleur d'homme qui fait de vous mon sel.

Chant V

Il marche sur moi.
Il guérit et bénit.
Le fruit mûrit sur l'arbre.
Vous le voulez pour vous, vous le voulez un homme, celui par qui viennent les biens d'ici. Vous vous voulez libres d'humaine liberté.

Mes chemins l'empoussièrent, je reçois la joie de ses jours et la compassion de son cœur, je reçois sa fatigue, je reçois la secrète douleur de ses nuits.

Vous le voulez roi de votre présent, roi de votre royaume mortel.
Il le sait. Il en a le cœur blessé. Secrètement. Le cœur de Dieu pleure. Le cœur de l'Homme pleure.
C'est comme une source sur ma poussière, elle y écrit de fins sillons, ma terre est rouge sous ses larmes, ma terre pleure sa douleur, mon amour est en souffrance parce qu'il n'est pas reçu, le Bien-Aimé de votre âme : vous ne le connaissez pas, et moi, je le connais.

Ma terre sait la couronne de sang, les épines longues que j'ai fait pousser, ma blessure, ma blessure !

Je suis le bois qui le porte, je suis l'épine qui déchire sa chair, je suis la lance qui ouvre son cœur !

Il pose sa main sur ma pierre, il sourit, je lis son visage, j'entends sa voix.
Tu es l'outil de ma passion.

Je suis la terre dans les douleurs de votre enfantement.

Je suis l'outil de la passion de mon Aimé.
Je suis le ciel qui pleure son eau sur vos maisons, je suis les rivières en crues et le vent en peine.
Je vous aime et vous blesse. Je suis la vie et la mort.
Ma ténèbre souffre et se fend ! Éveillez-vous !
Bien-aimés de Dieu, je ne veux pas cela ! Il ne veut pas cela…
Conduisez-moi vers son Royaume.

Il s'est dévoilé au Thabor.
Il s'est dévoilé tout entier au travers de la chair.
Le Père a parlé et vous n'entendez pas.
Vous le voulez roi de votre royaume d'humanité.
Et lui, il va.

Chant VI

Le fruit attend. Le fruit de l'arbre.

Une femme l'a couronné. C'était un parfum de grand prix, couronne royale sur ses cheveux. Alors j'ai su que le temps était là tout entier.

Chant VII

Il a parlé. Les cèdres se sont tus, et les oiseaux. Sa parole a entouré mon corps, elle a rejoint chaque homme, chaque femme, chaque enfant. Les enfants ont entendu et se sont mis à danser, partout, sur le sable, dans l'herbe, aux flancs des montagnes et au doux des plages, ils ont dansé.
Et puis il s'est offert, il a rompu son corps, il a versé son sang, et le blé a tressailli et la vigne a frémi, et mon chant est monté au-dehors de moi, la louange de ma terre tout entière est allée vers le Père, et, parce qu'il priait, la louange des anges avec la mienne.

Il a dit : Père, l'heure est venue …

Le bois de sa croix s'est offert à la hache, les épines un instant ont fleuri, j'en témoigne.
Un ânon regardait le ciel à travers ses larmes.

Il a dit : qu'ils soient un comme nous sommes un…

J'en témoigne, la création tout entière est entrée en louange, est entrée en douleur. Les deux ensemble.

Il a dit : ceux-ci ont reconnu que tu m'as envoyé…

Et dans la louange, et dans la douleur, j'ai attendu.

Chant VIII

Il va. Au rien il va.

Jardin familier, jardin de toutes ses nuits depuis un peu de temps… Il peut partir.
Il sait : il peut partir.

Je suis le jardin et j'attends, à petite brise je respire. Depuis toutes ses nuits je
l'aime, mon Bien-Aimé vient à moi.
Mes oliviers voilent sa présence, mes oliviers pleurent leurs sèves sans bruit. Vous
êtes là, il vous prie, ses lèvres frémissent, il vous prie.
Et puis il s'éloigne.
Silence.
Ma pierre reçoit son front.
Ses lèvres frémissent des mots de son angoisse.
Père… mon Père…

Écoutez sa voix !
Père !

Le Père je ne le connais pas, je Le sais.
Lui est Fils, le Fils du Père. Et lui, je le connais.

La nuit est si sombre. Où est mon Aimé !

Je sens son front dans la nuit, posé sur ma pierre. Je sais la douleur, je sais l'agonie,
mon Aimé combat, la nuit est posée sur vos yeux, elle enclôt vos âmes,
votre Aimé combat au noir des ténèbres.

Vous croyez en la mort. Vos yeux sont fermés, vos cœurs endormis.

Grande nuit du silence du Père. Profonde nuit de sa douleur.
Fils. Fils de Dieu.
Son sang perle à son front, il tombe sur moi goutte à goutte. Il l'a voulu et j'ai dit
oui, alors je cueille son sang goutte à goutte, je le mêle à votre sang et je prie.
Je ne peux rien.
Je ne suis rien.
Ma poussière vénère la trace de ses pas.
La lave de mes volcans se répand en plaintes de feu.

Grande nuit de l'attente de Dieu.

Son âme est triste à en mourir.

Le silence est épais, il vous colle aux paupières.

Ce que tu veux… ce que tu veux…
Mes feuilles chuchotent dans la brise l'amour du Fils.

Qui êtes-vous, fils d'hommes, pour qu'il se remette ainsi en vos mains de péché ?

Chant IX

Silence. Silence de ma terre.
Mes épines ont percé sa chair, vos refus son amour.
Silence.

Mes pierres ont crié l'écho de vos errements.
Vos voix sur ma voix lui ont scandé la croix.
Sa voix sur ma voix disait sa Royauté.
Mes pierres en vos murs l'ont proclamée.

Silence.

Il est là, il est Dieu, né de Dieu, lumière née de la lumière, et parce que vous croyiez la mort, il est venu l'habiter, homme né de l'homme en Marie, il est venu la traverser.

Vos douleurs l'écrasent et vos doutes le flagellent…

Regardez-le, je vous en prie,
vous qui avez des yeux, regardez-le.
Il vous regarde.
Il vous aime.
À chaque pas, il vous aime, il tombe comme tombe mon arbre, d'un coup, de toute sa Face il tombe, il vous aime, la douleur vole son souffle et broie sa chair, il vous aime, son sang tache ma pierre, il vous aime.

Mon Bien-Aimé est à vous et vous êtes à mon Bien-Aimé.

Parce qu'il vous aime, je vous aime.

Je suis le bois qui l'écrase, je suis le fer qui le troue,
je suis la mort que vous croyez.
Il me met au-dessous de vous et je vous porte.
Bien-aimés, éveillez-vous ! Vous êtes les rois de mon royaume. Conduisez-moi à
mon Aimé.

La nuit enclôt ma terre.
Pendant trois heures.

J'entends son souffle. Je l'entends entrer et sortir en crépitant. Son dos se déchire
à mon arbre. L'eau dans son corps le noie.
Je me tais. J'appelle la nuit plus près.

C'est une neuvième heure.
Vous avez entendu la plainte dans son cri.

Le fruit était mûr. Pour vous il a bu le vinaigre,
il s'est offert tout au bout, tout confiant,
tout entier Fils il s'est donné au Père.

La ténèbre en moi s'est fendue.

Vous avez entendu la plainte, vous avez vu la mort, hommes, quand verrez-vous
la vie ?

Je suis la vie au creux de la mort, je suis lumière en germe au cœur de la ténèbre,
quand me verrez-vous ?
Parce qu'il vous aime, je vous aime.
Il me met au-dessous de vous et je vous porte.
Je suis la terre, l'humble terre de son désir. Jardin en germe.
Je suis la poussière du monde au vent de son Esprit.
Je suis la pluie qui peint l'arc au ciel de sa Résurrection.

Il m'a confiée à vos mains et moi, je me confie.
Je suis à vous et vous êtes à mon Bien-Aimé.
Conduisez-moi à lui.

Chant.

Rendez grâce et je rends grâce.

Je suis la mort et la vie.
Je suis la ténèbre en douleur d'enfantement.
Mon temps vient.
Mon fruit mûrit au secret de mes entrailles. Celui qu'il attend.
Vous voyez ma noirceur, regardez sa lumière,
il a posé sur moi sa splendeur, il a visité mon mystère,
il a foulé mon cœur,
pour vous.

Il vous aime, et moi, je vous aime.
En vous le lieu de la rencontre.

Je suis la faible chair et le creux du rocher.
Je suis le bois de vos croix et le tombeau où vous ressuscitez.
Je suis la mer profonde et vous êtes mon sel.
Je suis le creuset et vous êtes son or.
Vous êtes mon espérance.

Rendez grâce, et je rends grâce.

Le Père, je Le sais. De lui je viens.
Lui, il est mon Aimé. Lui, je le connais.
Il a foulé ma chair, il a foulé mon cœur.
Il a marché sur moi et il s'est reposé,

et j'ai bu son sang et ses larmes, et son rire, et sa loi.
En lui vous êtes.

Rendez grâce et je rends grâce.

Saint est son Nom.

LES AUTEURS

Franc-comtoise d'origine, Mireille Felix vit depuis l'enfance une profonde communion avec la nature. Écrivain et iconographe, elle explore la beauté âpre et simple de la vie. Son premier roman, "Arie", a reçu le Prix Comtois du Livre en 1998. Elle vit actuellement dans le sud-ouest de la France.

Gwenaëlle Hoareau nous offre dans cet ouvrage son propre regard sur les textes au travers de très belles images de l'île de la Réunion.

DU MÊME AUTEUR :

Religion : **Jaloux est son Nom** en collaboration avec **Mireille Challier**

Romans : **Arie**
Bleu comme Anna illustré par **Jacques Trichet**
Rond-point

ISBN : 979-10-96331-12-3

TABLE DES MATIÈRES